П. П. ЕРШОВ

Конёк-Горбунок

русская сказка в трёх частях

художник
Станислав Ковалёв

Пермское книжное издательство
1994

ББК 84РI-5
Е80

$$Е \frac{4803010102-20}{М152(03)-94} 73-94$$

ISBN 5-7625-0132-9

© Оформление. С. Р. Ковалёв, 1992

Пётр Павлович Ершов родился в 1815 году в деревне Безруковой, близ города Ишима. Вся его жизнь прошла в Сибири. В детстве вместе со своими родителями (отец писателя часто менял место службы: в его обязанности входило «следить за благосостоянием крестьянских волостей» и разбирать местные тяжбы) он много ездил по этому суровому краю, хорошо узнал жизнь крестьян и купцов, охотников и рыболовов, казаков и ямщиков, слушал старинные сибирские предания, народные сказки, песни.

Когда П. П. Ершов учился в Петербургском университете, он прочитал замечательные сказки Александра Сергеевича Пушкина, которые только что появились в печати. И девятнадцатилетний студент задумал написать свою сказку. Весёлую сказку о смелом Иванушке — крестьянском сыне, о глупом и смешном царе и о волшебном коньке-горбунке, верном друге Иванушки.

В 1834 году сказка П. П. Ершова «Конёк-горбунок» была напечатана и сразу же полюбилась читателям — и детям и взрослым. Она получилась весёлой, озорной, дерзкой. Сам Пушкин, который к этому времени уже написал «Сказку о попе и о работнике его Балде», «Сказку о царе Салтане», «Сказку о рыбаке и рыбке», «Сказку о мёртвой царевне и о семи богатырях», очень хвалил «Конька-горбунка». Он сказал: «Теперь этот род сочинений можно мне

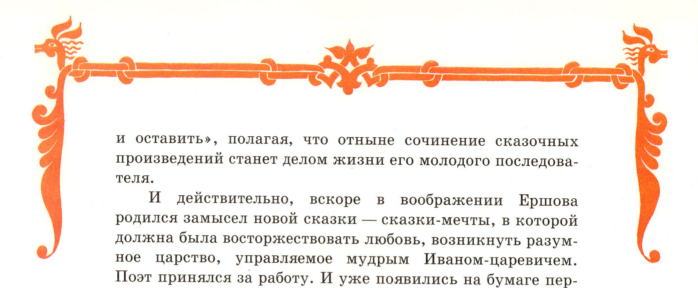

и оставить», полагая, что отныне сочинение сказочных произведений станет делом жизни его молодого последователя.

И действительно, вскоре в воображении Ершова родился замысел новой сказки — сказки-мечты, в которой должна была восторжествовать любовь, возникнуть разумное царство, управляемое мудрым Иваном-царевичем. Поэт принялся за работу. И уже появились на бумаге первые строки:

Рано утром, под окном,
Подпершися локотком,
Дочка царская сидела,
Вдаль задумчиво глядела,
И порою, как алмаз,
Слёзка падала из глаз.

А пред ней, ширинкой чудной,
Луг пестрелся изумрудный,
А по лугу ручеёк
Серебристой лентой тёк.
Воздух лёгкий так отрадно
Навевал струёй прохладной.
Солнце утра так светло
В путь далёкий свой пошло!
Всё юнело, всё играло,
Лишь царевна тосковала
Под косящатым окном,
Подпершися локотком.

Наконец она вздохнула,
Тихо ручками всплеснула
И, тоски своей полна,
Так промолвила она:

«Всех пространней царство наше,
Всех девиц я в царстве краше:

Бела личика красой,
Тёмно-русою косой,
Нежной шеей лебединой,
Речью звонкой соловьиной,
Дочь единая отца,
Я краса его дворца...»

Однако сказка так и оборвалась в самом начале: видно, не приспело ещё время мечтать и очень уж грёзы о тридевятом царстве были далеки от суровой русской действительности.

Ошибся великий Пушкин: Ершов не создал более ничего равного «Коньку-горбунку». Вернувшись в родную Сибирь, он несколько лет работал учителем, затем директором тобольской гимназии и даже заведовал всеми училищами губернии: талант педагога взял верх над талантом писателя. Ершов написал ещё ряд произведений, но сейчас они забыты. А «Конёк-горбунок», появившись более ста пятидесяти лет назад,
по-прежнему остаётся одной из
самых популярных
и любимых
сказок.

ЧАСТЬ ПЕРВАЯ

*Начинает
сказка сказываться*

За горами, за лесами,
За широкими морями,
Не на небе — на земле
Жил старик в одном селе.
У старинушки три сына:
Старший умный был детина,
Средний сын и так и сяк,
Младший вовсе был дурак.
Братья сеяли пшеницу
Да возили в град-столицу:
Знать, столица та была
Недалече от села.
Там пшеницу продавали,
Деньги счётом принимали
И с набитою сумой
Возвращалися домой.

В долгом времени аль вскоре
Приключилося им горе:
Кто-то в поле стал ходить

И пшеницу шевелить.
Мужички такой печали
Отродяся не видали;
Стали думать да гадать,
Как бы вора соглядать¹.
Наконец себе смекнули,
Чтоб стоять на карауле,
Хлеб ночами поберечь,
Злого вора подстеречь.

Вот, как стало лишь
              смеркаться,
Начал старший брат
              сбираться,
Вынул вилы и топор
И отправился в дозор.
Ночь ненастная настала;
На него боязнь напала,

И со страхов наш мужик
Закопался под сенник.
Ночь проходит, день
              приходит;
С сенника́ дозорный сходит
И, облив себя водой,
Стал стучаться под избой:
«Эй вы, сонные тетери!
Отпирайте брату двери,
Под дождём я весь промок
С головы до самых ног».
Братья двери отворили,
Караульщика впустили,
Стали спрашивать его:
Не видал ли он чего?
Караульщик помолился,
Вправо, влево поклонился
И, прокашлявшись, сказал:
«Всю я ноченьку не спал;
На моё ж притом несчастье,

---
¹ С о г л я д а́ т ь — подсмотреть, увидеть.

Было страшное ненастье,
Дождь вот так ливмя и лил,
Рубашонку всю смочил.
Уж куда как было скучно!..
Впрочем, всё благополучно».
Похвалил его отец:
«Ты, Данило, молодец!
Ты вот, так сказать, примерно,
Сослужил мне службу верно.
То есть, будучи при всём,
Не ударил в грязь лицом».

Стало сызнова смеркаться;
Средний брат пошёл сбираться,
Взял и вилы и топор
И отправился в дозор.
Ночь холодная настала,
Дрожь на малого напала,
Зубы начали плясать;
Он ударился бежать —
И всю ночь ходил дозором
У соседки под забором.
Жутко было молодцу!
Но вот утро. Он к крыльцу:
«Эй вы, сони! Что вы спите!
Брату двери отоприте;
Ночью страшный был мороз,
До животиков промёрз».
Братья двери отворили,
Караульщика впустили,
Стали спрашивать его:
Не видал ли он чего?
Караульщик помолился,
Вправо, влево поклонился
И сквозь зубы отвечал:
«Всю я ноченьку не спал,
Да, к моей судьбе
 несчастной,
Ночью холод был ужасный,
До сердцов меня пробрал;

Всю я ночку проскакал;
Слишком было несподручно...
Впрочем, всё благополучно».
И ему сказал отец:
«Ты, Гаврило, молодец!»

Стало в третий раз
 смеркаться;
Надо младшему сбираться;
Он и усом не ведёт,
На печи в углу поёт
Изо всей дурацкой мочи:
«Распрекрасные вы очи!»
Братья ну ему пенять[1],
Стали в поле погонять,
Но сколь долго ни кричали,
Только голос потеряли:
Он ни с места. Наконец
Подошёл к нему отец,
Говорит ему: «Послушай,
Побега́й в дозор, Ванюша.
Я куплю тебе лубков[2],
Дам гороху и бобов».
Тут Иван с печи слезает,
Малаха́й[3] свой надевает,
Хлеб за пазуху кладёт,
Караул держать идёт.

Ночь настала: месяц всходит;
Поле всё Иван обходит,
Озираючись кругом,
И садится под кустом,
Звёзды на небе считает
Да краюшку уплетает.
Вдруг о полночь конь заржал...

---

[1] Пеня́ть — упрекать, укорять.
[2] Лубки́ — здесь: ярко раскрашенные картинки.
[3] Малаха́й — здесь: длинная широкая одежда без пояса.

Караульщик наш привстал,
Посмотрел под рукавицу
И увидел кобылицу.
Кобылица та была
Вся, как зимний снег, бела,
Грива — в землю, золотая,
В мелки кольца завитая.
«Эхе-хе! так вот какой
Наш воришко!.. Но, постой,
Я шутить ведь не умею,
Разом сяду те на шею.
Вишь, какая саранча!»
И, минуту улуча,
К кобылице подбегает,
За волнистый хвост хватает
И садится на хребёт —
Только задом наперёд.
Кобылица молодая,
Очью[1] бешено сверкая,
Змеем голову свила
И пустилась, как стрела.
Вьётся кру́гом над полями,
Виснет пластью[2] надо рвами,
Мчится скоком по горам,
Ходит дыбом по лесам,
Хочет силой аль обманом,
Лишь бы спра́виться с Иваном.
Но Иван и сам не прост —
Крепко держится за хвост.

Наконец она устала.
«Ну, Иван,— ему сказала,—
Коль умел ты усидеть,
Так тебе мной и владеть.
Дай мне место для покою
Да ухаживай за мною
Сколько смыслишь. Да смотри,
По́ три утренни зари
Выпущай меня на волю
Погулять по чисту полю.
По исходе же трёх дней
Двух рожу тебе коней —
Да таких, каких поныне
Не бывало и в помине;
Да ещё рожу конька
Ростом только в три вершка[1],
На спине с двумя горбами
Да с аршинными ушами.
Двух коней, коль хошь, продай,
Но конька не отдавай
Ни за пояс, ни за шапку,
Ни за чёрную, слышь, бабку.
На земле и под землёй
Он товарищ будет твой;
Он зимой тебя согреет,
Летом холодом обвеет;
В голод хлебом угостит,
В жажду мёдом напоит.
Я же снова выйду в поле
Силы пробовать на воле».

«Ладно»,— думает Иван
И в пастуший балаган[2]
Кобылицу загоняет,
Дверь рогожей закрывает
И, лишь только рассвело,
Отправляется в село,
Напевая громко песню:
«Ходил молодец на Пресню».

---

[1] О́чью — очами, глазами.
[2] Пла́стью — пластом.

[1] Вершо́к — старая русская мера длины, равная 4,4 см.
[2] Балага́н — здесь: сарай.

Вот он всходит на крыльцо,
Вот хватает за кольцо,
Что есть силы в дверь стучится,
Чуть что кровля не валится,
И кричит на весь базар,
Словно сделался пожар.
Братья с лавок поскакали,
Заикаяся вскричали:
«Кто стучится сильно так?» —
«Это я, Иван-дурак!»
Братья двери отворили,
Дурака в избу впустили
И давай его ругать, —
Как он смел их так пугать!
А Иван наш, не снимая
Ни лаптей, ни малахая,
Отправляется на печь
И ведёт оттуда речь
Про ночное похожденье,
Всем ушам на удивленье:
«Всю я ноченьку не спал,
Звёзды на́ небе считал;

Месяц, ровно¹, тоже светил,—
Я порядком не приметил.
Вдруг приходит дьявол
                     сам,
С бородою и с усам;
Рожа словно как у кошки,
А глаза-то что те плошки!
Вот и стал тот чёрт
                     скакать
И зерно хвостом сбивать.
Я шутить ведь не умею —
И вскочи ему на шею.
Уж таскал же он, таскал,
Чуть башки мне не сломал,
Но и я ведь сам не промах,
Слышь, держал его как в
                     жомах².

Бился, бился мой хитрец
И взмолился наконец:
«Не губи меня со света!
Целый год тебе за это
Обещаюсь смирно жить,
Православных не мутить».
Я, слышь, слов-то не
                     померил,
Да чертёнку и поверил».
Тут рассказчик замолчал,
Позевнул и задремал.
Братья, сколько ни серчали,
Не смогли — захохотали,
Ухватившись под бока,
Над рассказом дурака.
Сам старик не смог
                     сдержаться,
Чтоб до слёз не посмеяться,
Хоть смеяться — так оно
Старикам уж и грешно.

---
¹ Ро́вно — будто, словно.
² Жо́мы — тиски, пресс.

Много времени аль мало
С этой ночи пробежало,—
Я про это ничего
Не слыхал ни от кого.
Ну, да что нам в том
                     за дело,
Год ли, два ли пролетело,—
Ведь за ними не бежать...
Станем сказку продолжать.

Ну-с, так вот что! Раз
                     Данило
(В праздник, помнится, то
                     было),
Натянувшись зельно пьян¹,
Затащился в балаган.
Что ж он видит?
                     Прекрасивых
Двух коней золотогривых
Да игрушечку-конька
Ростом только в три
                     вершка,
На спине с двумя горбами
Да с аршинными ушами.
«Хм! Теперь-то я узнал,
Для чего здесь дурень
                     спал!» —
Говорит себе Данило...
Чудо разом хмель посбило.
Вот Данило в дом бежит
И Гавриле говорит:
«Посмотри, каких красивых
Двух коней золотогривых
Наш дурак себе достал:
Ты и слыхом не слыхал».
И Данило да Гаврило,
Что в ногах их мо́чи было,

---
¹ Натянувшись зе́льно пьян — напившись сильно.

По крапиве прямиком
Так и дуют босиком.

Спотыкнувшися три раза,
Починивши оба глаза,
Потирая здесь и там,
Входят братья к двум коням.
Кони ржали и храпели,
Очи яхонтом[1] горели;
В мелки кольца завитой,
Хвост струился золотой,
И алмазные копыты
Крупным жемчугом обиты.
Любо-дорого смотреть!
Лишь царю б на них сидеть.
Братья так на них смотрели,
Что чуть-чуть не окривели.
«Где он это их достал? —
Старший среднему сказал.—
Но давно уж речь ведётся,
Что лишь дурням клад даётся.
Ты ж хоть лоб себе разбей,
Так не выбьешь двух рублей.
Ну, Гаврило, в ту седмицу[2]
Отведём-ка их в столицу:
Там боярам продадим,
Деньги ровно поделим.
А с деньжонками, сам знаешь,
И попьёшь и погуляешь,
Только хлопни по мешку.
А благому дураку

---

[1] Яхонт — старинное название драгоценных камней — рубина и сапфира.
[2] Седмица (неделя) — седьмой день недели — воскресенье.

Недостанет ведь догадки,
Где гостят его лошадки;
Пусть их ищет там и сям.
Ну, приятель, по рукам!»
Братья разом согласились,
Обнялись, перекрестились
И вернулися домой,
Говоря промеж собой
Про коней и про пирушку
И про чудную зверушку.

Время катит чередом,
Час за часом, день за днём.
И на первую седмицу
Братья едут в град-столицу,
Чтоб товар свой там продать
И на пристани узнать,
Не пришли ли с кораблями
Немцы в город за холстами
И нейдёт ли царь Салтан
Басурманить христиан.
Вот иконам помолились,
У отца благословились,
Взяли двух коней тайком
И отправились тишком.

Вечер к ночи пробирался;
На ночлег Иван собрался;
Вдоль по улице идёт,
Ест краюшку да поёт.
Вот он поля достигает,
Руки в боки подпирает
И с прискочкой, словно пан,
Боком входит в балаган.

Всё по-прежнему стояло,
Но коней как не бывало;

Лишь игрушка-горбунок
У его вертелся ног,
Хлопал с радости ушами
Да приплясывал ногами.
Как завоет тут Иван,
Опершись о балаган:
«Ой вы, кони буры-сивы,
Добры кони златогривы!
Я ль вас, други, не ласкал,
Да какой вас чёрт
               украл?

Чтоб пропасть ему, собаке!
Чтоб издохнуть в буераке![1]
Чтоб ему на том свету́
Провалиться на мосту!
Ой вы, кони буры-сивы,
Добры кони златогривы!»

Тут конёк ему заржал.
«Не тужи, Иван,— сказал,—

---

[1] Буера́к — небольшой овраг.

Велика беда, не спорю;
Но могу помочь я горю.
Ты на чёрта не клепли[1]:
Братья коников свели.
Ну, да что болтать пустое,
Будь, Иванушка, в покое.
На меня скорей садись,
Только знай себе держись;
Я хоть росту небольшого,
Да сменю коня другого:
Как пущусь да побегу,
Так и беса настигу[2]».

   Тут конёк пред ним
                    ложится.
На конька Иван садится,
Уши в загреби[3] берёт,
Что есть мочушки ревёт.
Горбунок-конёк встряхнулся,
Встал на лапки,
              встрепенулся,
Хлопнул гривкой, захрапел
И стрелою полетел;
Только пыльными клубами
Вихорь вился под ногами.
И в два мига, коль не в миг,
Наш Иван воров настиг.

   Братья, то есть,
              испугались,
Зачесались и замялись.
А Иван им стал кричать:
«Стыдно, братья, воровать!
Хоть Ивана вы умнее,
Да Иван-то вас честнее:
Он у вас коней не крал».

   Старший, корчась,
              тут сказал:
«Дорогой наш брат Иваша,
Что переться[1] — дело наше!
Но возьми же ты в расчёт
Некорыстный наш живот[2].
Сколь пшеницы мы ни сеем,
Чуть насущный хлеб имеем.
А коли неурожай,
Так хоть в петлю полезай!
Вот в такой большой
                печали
Мы с Гаврилой толковали
Всю намеднишнюю ночь:
Чем бы горюшку помочь?
Так и этак мы вершили,
Наконец вот так решили:
Чтоб продать твоих коньков
Хоть за тысячу рублёв.
А в спасибо, молвить
                к слову,
Привезти тебе обнову —
Красну шапку с позвонком
Да сапожки с каблучком.
Да к тому ж старик
                неможет[3],
Работать уже не может;
А ведь надо ж мыкать
                век,—
Сам ты умный человек!» —

   «Ну, коль этак, так
              ступайте,—
Говорит Иван,— продайте

---

[1] Не клепли — не обвиняй напрасно, не клевещи.
[2] Настигу — догоню.
[3] В загреби — здесь: в руки.

[1] Переться — спорить, отпираться, отказываться.
[2] Некорыстный наш живот — бедную нашу жизнь. Живот — здесь: жизнь.
[3] Неможет — болеет; немочь — болеть.

Златогривых два коня,
Да возьмите ж и меня».
Братья больно покосились,
Да нельзя же! согласились.

Стало нá небе темнеть,
Воздух начал холодеть;
Вот, чтоб им не заблудиться,
Решено остановиться.
Под навесами ветвей
Привязали всех коней,
Принесли с естным¹
                     лукошко,
Опохмелились немножко
И пошли, что боже даст,
Кто во что из них горазд.

Вот Данило вдруг
                     приметил,
Что огонь вдали засвéтил.
На Гаврилу он взглянул,
Левым глазом подмигнул
И прикашлянул легонько,
Указав огонь тихонько;
Тут в затылке почесал,
«Эх, как тёмно! —
                    он сказал.—
Хоть бы месяц этак в шутку
К нам проглянул на минутку,
Всё бы легче.
              А теперь,
Право, хуже мы тетерь...
Да постой-ка... мне сдаётся,
Что дымок там светлый
                     вьётся...
Видишь, эвон!.. Так и есть!..
Вот бы кýрево² развесть!

---
¹ С е́стным — с едой.
² Кýрево — здесь: огонь, костёр.

Чудо было б!..
            А послушай,
Побегáй-ка, брат Ванюша!
А, признаться, у меня
Ни огнива, ни кремня».
Сам же думает Данило:
«Чтоб тебя там задавило!»
А Гаврило говорит:
«Кто-петь¹ знает, что горит!
Коль станичники²
                 пристали —
Поминай его как звали!»

Всё пустяк для дурака.
Он садится на конька,
Бьёт в круты бока
                 ногами,
Теребит его руками,
Изо всех горланит сил...
Конь взвился, и след
                 простыл.
«Буди с нами крестна сила! —
Закричал тогда Гаврило,
Оградясь крестом святым. —
Что за бес такой
                 под ним!»

Огонёк горит светлее,
Горбунок бежит скорее.
Вот уж он перед огнём,
Светит поле словно днём;
Чудный свет кругом
                 струится,
Но не греет, не дымится.
Диву дался тут Иван.
«Что, — сказал он, —
                 за шайтан!

---
¹ Ктó-петь — кто же.
² Станѝчники — здесь: разбойники.

Шапок с пять найдётся свету,
А тепла и дыма нету;
Эко чудо-огонёк!»

Говорит ему конёк:
«Вот уж есть чему дивиться!
Тут лежит перо Жар-птицы,
Но для счастья своего
Не бери себе его.
Много, много непокою
Принесёт оно с собою».—
«Говори ты!
    Как не так!» —
Про себя ворчит дурак
И, подняв перо Жар-птицы,
Завернул его в тряпицы,
Тряпки в шапку положил
И конька поворотил.
Вот он к братьям приезжает
И на спрос их отвечает:
«Как туда я доскакал,
Пень горелый увидал;
Уж над ним я бился,
     бился,
Так что чуть не надсадился;
Раздувал его я с час —
Нет ведь, чёрт возьми,
      угас!»
Братья целу ночь не спали,
Над Иваном хохотали;
А Иван под воз присел,
Вплоть до утра прохрапел.

Тут коней они впрягали
И в столицу приезжали,
Становились в конный ряд,
Супротив больших палат.

В той столице был
     обычай:
Коль не скажет
    городничий[1] —
Ничего не покупать,
Ничего не продавать.
Вот обедня наступает;
Городничий выезжает
В туфлях, в шапке
     меховой,
С сотней стражи городской.
Рядом едет с ним
     глашатый,
Длинноусый, бородатый;
Он в злату трубу трубит,
Громким голосом кричит:
«Гости![2]
  Лавки отпирайте,
Покупайте, продавайте.
А надсмотрщикам сидеть
Подле лавок и смотреть,
Чтобы не было содому[3],
Ни давёжа, ни погрому,
И чтобы никой урод
Не обманывал народ!»
Гости лавки отпирают,
Люд крещёный
    закликают:
«Эй, честные господа,
К нам пожалуйте сюда!
Как у нас ли тары-бары,
Всяки разные товары!»
Покупальщики идут,
У гостей товар берут;
Гости денежки считают
Да надсмотрщикам
     мигают.

---

[1] Городничий — начальник города в старину.
[2] Гости — в старину так называли купцов, торговцев.
[3] Содом — шум, беспорядок.

Между тем градской отряд
Приезжает в конный ряд;
Смотрит — давка от народу,
Нет ни выходу, ни входу;
Так кишмя вот и кишат,
И смеются, и кричат.
Городничий удивился,
Что народ развеселился,
И приказ отряду дал,
Чтоб дорогу прочищал.

«Эй вы, черти босоноги!
Прочь с дороги! прочь с дороги!» —
Закричали усачи
И ударили в бичи.
Тут народ зашевелился,
Шапки снял и расступился.

Пред глазами конный ряд;

Два коня в ряду стоят.
Молодые, вороные,
Вьются гривы золотые,
В мелки кольца завитой,
Хвост струится золотой...
Наш старик, сколь ни был пылок,
Долго тёр себе затылок.
«Чуден,— молвил,— божий свет,
Уж каких чудес в нём нет!»

Весь отряд тут поклонился,
Мудрой речи подивился.
Городничий между тем
Наказал престрого всем,
Чтоб коней не покупали,
Не зевали, не кричали;
Что он едет ко двору
Доложить о всём царю.
И, оставив часть отряда,
Он поехал для доклада.

Приезжает во дворец.
«Ты помилуй, царь-отец! —
Городничий восклицает
И всем телом упадает.—
Не вели меня казнить,
Прикажи мне говорить!»
Царь изволил молвить:
«Ладно,
Говори, да только складно».—
«Как умею, расскажу:
Городничим я служу;
Верой-правдой исправляю
Эту должность...» — «Знаю, знаю!»

«Вот сегодня, взяв отряд,
Я поехал в конный ряд.
Приезжаю — тьма народу!
Ну, ни выходу, ни входу.
Что тут делать?..
Приказал
Гнать народ, чтоб не мешал.
Так и сталось, царь-надёжа!
И поехал я — и что же?
Предо мною конный ряд;
Два коня в ряду стоят,
Молодые, вороные,
Вьются гривы золотые,
В мелки кольца завитой,
Хвост струится золотой,
И алмазные копыты
Крупным жемчугом обиты».

Царь не мог тут усидеть.
«Надо коней поглядеть,—
Говорит он.—
Да не худо
И завесть такое чудо.
Гей, повозку мне!»
И вот
Уж повозка у ворот.
Царь умылся, нарядился
И на рынок покатился;
За царём стрельцов[1] отряд.
Вот он въехал в конный ряд.

---

[1] Стрельцы́ — старинное войско.

На колени все тут пали
И «ура» царю кричали.
Царь раскланялся и вмиг
Молодцом с повозки
                прыг...
Глаз своих с коней
                не сводит,
Справа, слева к ним
                заходит,
Словом ласковым зовёт,
По спине их тихо бьёт,
Треплет шею их крутую,
Гладит гриву золотую,
И, довольно насмотрясь,
Он спросил, оборотясь
К окружавшим: «Эй,
                ребята!
Чьи такие жеребята?
Кто хозяин?»
                Тут Иван,
Руки в бо́ки, словно пан,
Из-за братьев выступает
И, надувшись, отвечает:
«Эта пара, царь, моя,
И хозяин — тоже я».—
«Ну, я пару покупаю!
Продаёшь ты?» — «Нет,
                меняю».—
«Что в промен берёшь
                добра?» —
«Два-пять шапок
                серебра».—
«То есть, это будет
                десять».
Царь тотчас велел отвесить
И, по милости своей,
Дал в прибавок пять
                рублей.
Царь-то был
                великодушный!

Повели коней в конюшни
Десять конюхов седых,
Все в нашивках золотых,
Все с цветными кушаками
И с сафьянными[1] бичами.
Но доро́гой, как на смех,
Кони с ног их сбили всех,
Все уздечки разорвали
И к Ивану прибежали.

Царь отправился назад,
Говорит ему:
                «Ну, брат,
Пара нашим не даётся;
Делать нечего, придётся
Во дворце тебе служить.
Будешь в золоте ходить,
В красно платье
                наряжаться,
Словно в масле сыр
                кататься,
Всю конюшенну мою
Я в приказ тебе даю[2],
Царско слово в том
                порука.
Что, согласен?» —
                «Эка штука!
Во дворце я буду жить,
Буду в золоте ходить,
В красно платье
                наряжаться,
Словно в масле сыр
                кататься,
Весь конюшенный завод
Царь в приказ мне отдаёт;

---

[1] Сафья́н — дорогая мягкая кожа.
[2] В прика́з тебе́ даю́ — отдаю под твой надзор.

То есть, я из огорода
Стану царский воевода.
Чу́дно дело! Так и быть,
Стану, царь, тебе служить...

Только, чур, со мной не драться
И давать мне высыпаться,
А не то я был таков!»

Тут он кликнул скакунов
И пошёл вдоль по столице,
Сам махая рукавицей,
И под песню дурака
Кони пляшут трепака;
А конёк его — горбатко —
Так и ломится вприсядку,
К удивленью людям всем.

Два же брата между тем
Деньги царски получили,
В опояски их зашили,
Постучали ендово́й¹
И отправились домой.
Дома дружно поделились,
Оба враз они женились,
Стали жить да поживать
Да Ивана поминать.

Но теперь мы их оставим,
Снова сказкой позабавим
Православных христиан,
Что наделал наш Иван,
Находясь во службе царской,
При конюшне государской;
Как в суседки¹ он попал,
Как перо своё проспал,
Как хитро́ поймал Жар-птицу,
Как похитил Царь-девицу,
Как он ездил за кольцом,
Как был на́ небе послом,
Как он в солнцевом селенье
Ки́ту выпросил прощенье;
Как, к числу других затей,
Спас он тридцать кораблей;
Как в котлах он не варился,
Как красавцем учинился²,—
Словом: наша речь о том,
Как он сделался царём.

---

¹ Постучали ендово́й — выпили. Ендова́ — посуда для вина.

---

¹ Сусе́дка — домовой (сибирское название).
² Учини́лся — сделался.

КОНЁК-ГОРБУНОК

ЧАСТЬ ВТОРАЯ

Скоро сказка сказывается,
А не скоро дело делается

Зачинается рассказ
От Ивановых проказ,
И от сивки, и от бурка,
И от вещего каурка.
Козы нá море ушли;
Горы лесом поросли;
Конь с златой узды срывался,
Прямо к солнцу поднимался;
Лес стоячий под ногой,
Сбоку облак громовой;
Ходит облак и сверкает,
Гром по небу рассыпает.
Это присказка: пожди,
Сказка будет впереди.
Как на море-окияне
И на острове Буяне
Новый гроб в лесу стоит,
В гробе дéвица лежит;
Соловей над гробом свищет;

Чёрный зверь в дубраве рыщет.
Это присказка, а вот —
Сказка чередом пойдёт.

Ну, так видите ль, миряне,
Православны христиане,
Наш удалый молодец
Затесался во дворец;
При конюшне царской служит
И нисколько не потужит
Он о братьях, об отце
В государевом дворце.
Да и что ему до братьев?
У Ивана красных платьев,
Красных шапок, сапогов
Чуть не десять коробов;
Ест он сладко, спит он столько,
Что раздолье, да и только!

Вот неделей через пять
Начал спальник[1] примечать...
Надо молвить, этот спальник
До Ивана был начальник
Над конюшной надо всей,
Из боярских слыл детей;
Так не диво, что он злился
На Ивана и божился,
Хоть пропасть, а пришлеца́
Потурить вон из дворца.
Но, лукавство сокрывая,
Он для всякого случа́я
Притворился, плут, глухим,
Близоруким и немым;
Сам же думает:
          «Постóй-ка,
Я те двину, неумойка!»

---

[1] Спáльник — царский слуга.

Так, неделей через пять
Спальник начал примечать,
Что Иван коней не холит,
И не чистит, и не школит¹;
Но при всём том два коня
Словно лишь из-под гребня:
Чисто-начисто обмыты,
Гривы в косы перевиты,
Чёлки собраны в пучок,
Шерсть — ну, лоснится, как шёлк;

В стойлах — свежая пшеница,
Словно тут же и родится,
И в чанах больших сыта²
Будто только налита.
«Что за притча³ тут такая? —
Спальник думает вздыхая. —
Уж не ходит ли, постой,
К нам проказник-домовой?
Дай-ка я подкараулю,
А нешто, так я и пулю,
Не смигнув, умею слить⁴,
Лишь бы дурня уходить⁵.
Донесу я в думе царской,
Что конюший государской —
Басурманин, ворожей,
Чернокнижник⁶ и злодей;
Что он с бесом хлеб-соль водит,
В церковь божию не ходит,
Католицкий держит крест
И постами мясо ест».

---

¹ Школит — учит.
² Сыта — вода, подслащённая мёдом.
³ Притча — здесь: непонятная, странная вещь.
⁴ Пулю слить — налгать, пустить ложный слух.
⁵ Уходить — здесь: прогнать, избавиться.
⁶ Чернокнижник — здесь: колдун.

В тот же вечер этот спальник,
Прежний конюших начальник,
В стойлы спрятался тайком
И обсыпался овсом.

Вот и полночь наступила.
У него в груди заныло:
Он ни жив ни мёртв лежит,
Сам молитвы всё творит.
Ждёт суседки... Чу! в сам-деле,
Двери глухо заскрипели,
Кони топнули, и вот
Входит старый коновод.
Дверь задвижкой запирает,
Шапку бережно скидает,
На окно её кладёт
И из шапки той берёт
В три завёрнутый тряпицы
Царский клад — перо Жар-птицы.
Свет такой тут заблистал,
Что чуть спальник не вскричал
И от страху так забился,
Что овёс с него свалился.
Но суседке невдомек!
Он кладёт перо в сусек¹,
Чистить коней начинает,
Умывает, убирает,
Гривы длинные плетёт,
Разны песенки поёт.
А меж тем, свернувшись клубом,
Поколачивая зубом,
Смотрит спальник, чуть живой,
Что тут деет домовой.
Что за бес! Нешто нарочно

---

¹ Сусек — место для хранения зерна.

Прирядился плут полночный:
Нет рогов, ни бороды,
Ражий[1] парень, хоть куды!
Волос гладкий, сбоку ленты,
На рубашке прозументы[2],
Сапоги как ал сафьян,—
Ну, точнёхонько Иван.
Что за диво? Смотрит снова
Наш глазей[3] на домового...
«Э! так вот что! — наконец
Проворчал себе хитрец.—
Ладно, завтра ж царь узнает,
Что твой глупый ум скрывает.
Подожди лишь только дня,
Будешь помнить ты меня!»
А Иван, совсем не зная,
Что ему беда такая
Угрожает, всё плетёт
Гривы в косы да поёт.
А убрав их, в оба чана
Нацедил сыты медвяной
И насыпал дополна
Белоярова пшена.
Тут, зевнув, перо Жар-птицы
Завернул опять в тряпицы,
Шапку пóд ухо — и лёг
У коней близ задних ног.

Только начало зориться[4],
Спальник начал шевелиться,
И, услыша, что Иван
Так храпит, как Еруслан[5],

---

[1] Рáжий — сильный, здоровый.
[2] Прозумéнты, или позумéнты,— золотая или серебряная тесьма, которую нашивали на одежду для украшения.
[3] Глазéй — человек, который подсматривает за кем-нибудь.
[4] Зори́ться — рассветать.
[5] Еруслáн — богатырь, один из героев русских народных сказок.

Он тихонько вниз слезает
И к Ивану подползает,
Пальцы в шапку запустил,
Хвать перо — и след простыл.

Царь лишь только
     пробудился,
Спальник наш к нему явился,
Стукнул крепко óб пол лбом
И запел царю потом:
«Я с повинной головою,
Царь, явился пред тобою,
Не вели меня казнить,
Прикажи мне говорить».—
«Говори, не прибавляя,—
Царь сказал ему зевая.—
Если ж ты да будешь врать,
То кнута не миновать».
Спальник наш, собравшись
      с силой,
Говорит царю: «Помилуй!
Вот те истинный Христос,
Справедлив мой, царь, донос.
Наш Иван, то всякий знает,
От тебя, отец, скрывает,
Но не злато, не сребро —
Жароптицево перо...» —
«Жароптицево?.. Проклятый!
И он смел такой богатый...
Погоди же ты, злодей!
Не минуешь ты плетей!..» —
«Да и то ль ещё он знает! —
Спальник тихо продолжает,
Изогнувшися.— Добро!
Пусть имел бы он перо;
Да и самую Жар-птицу
Во твою, отец, светлицу,
Если б вздумал приказать,
Похваляется достать».
И доносчик с этим словом,

Скрючась обручем таловым[1],
Ко кровати подошёл,
Подал клад — и снова в пол.
 Царь смотрел и дивовался,
Гладил бороду, смеялся
И скусил пера конец.
Так, уклав его в ларец,
Закричал (от нетерпенья),
Подтвердив своё веленье
Быстрым взмахом кулака:
«Гей! позвать мне дурака!»

И посыльные дворяна
Побежали по Ивана,
Но, столкнувшись все в углу,
Растянулись на полу.
Царь тем много любовался
И до колотья смеялся.
А дворяна, усмотря,
Что смешно то для царя,
Меж собой перемигнулись
И вдругоредь[1] растянулись.
Царь тем так доволен был,

[1] Та́ло́вый — ивовый.

[1] Вдруго́редь — в другой раз, снова.

Что их шапкой наградил.
Тут посыльные дворяна
Вновь пустились звать Ивана
И за этот уже раз
Обошлися без проказ.

Вот к конюшне прибегают,
Двери настежь отворяют
И ногами дурака
Ну толкать во все бока.
С полчаса над ним возились,
Но его не добудились.
Наконец уж рядовой
Разбудил его метлой.

«Что за челядь¹ тут такая? —
Говорит Иван, вставая. —
Как хвачу я вас бичом,
Так не станете потом
Без пути будить Ивана».
Говорят ему дворяна:
«Царь изволил приказать
Нам тебя к нему позвать». —
«Царь?.. Ну ладно! Вот сряжуся
И тотчас к нему явлюся», —
Говорит послам Иван.
Тут надел он свой кафтан,
Опояской подвязался,
Приумылся, причесался,
Кнут свой сбоку прицепил,
Словно утица поплыл.

Вот Иван к царю явился,
Поклонился, подбодрился,
Крякнул дважды и спросил:
«А пошто меня будил?»
Царь, прищурясь глазом левым,
Закричал к нему со гневом,
Приподнявшися: «Молчать!
Ты мне должен отвечать:
В силу коего указа
Скрыл от нашего ты глаза
Наше царское добро —
Жароптицево перо?
Что я — царь али боярин?
Отвечай сейчас, татарин!»
Тут Иван, махнув рукой,
Говорит царю: «Постой!
Я те шапки ровно не́ дал,
Как же ты о том проведал?
Что ты — ажно¹ ты пророк?
Ну, да что, сади в острог²,
Прикажи сейчас хоть в палки —
Нет пера, да и шабалки³!..» —
«Отвечай же! запорю!..» —
«Я те толком говорю:
Нет пера! Да, слышь, откуда
Мне достать такое чудо?»
Царь с кровати тут вскочил
И ларец с пером открыл.
«Что? Ты смел ещё переться?
Да уж нет, не отвертеться!
Это что? А?» Тут Иван
Задрожал, как лист в буран,
Шапку выронил с испуга.
«Что, приятель, видно, туго? —
Молвил царь. — Постой-ка, брат!..» —
«Ох, помилуй, виноват!
Отпусти вину Ивану,
Я вперёд уж врать не стану».

---
¹ Че́лядь — слуги.

¹ Ажно́ — разве, что ли.
² Остро́г — тюрьма.
³ Шаба́лки — шабаш, конец.

И, закутавшись в полу,
Растянулся на полу.
«Ну, для первого случаю
Я вину тебе прощаю,—
Царь Ивану говорит.—
Я, помилуй бог, сердит!
И с сердцо́в иной порою
Чуб сниму и с головою.
Так вот, видишь, я каков!
Но, сказать без дальних слов,
Я узнал, что ты Жар-птицу
В нашу царскую светлицу,
Если б вздумал приказать,
Похваляешься достать.
Ну, смотри ж, не отпирайся
И достать её старайся».
Тут Иван волчком вскочил.
«Я того не говорил! —
Закричал он, утираясь.—
О пере не запираюсь,
Но о птице, как ты хошь,
Ты напраслину ведёшь».
Царь, затрясши бородою:
«Что? Рядиться¹ мне с
      тобою! —
Закричал он.— Но смотри,
Если ты недели в три
Не достанешь мне
      Жар-птицу
В нашу царскую светлицу,
То, кляну́ся бородой,
Ты поплатишься со мной:
На правёж — в решётку —
      на́ кол!
Вон, холоп!» Иван заплакал
И пошёл на сеновал,
Где конёк его лежал.

¹ Ряди́ться — торговаться, договариваться.

Горбунок, его почуя,
Дрягнул было плясовую¹;
Но как слёзы увидал,
Сам чуть-чуть не зарыдал.
«Что, Иванушка, не весел?
Что головушку повесил? —
Говорит ему конёк,
У его вертяся ног.—
Не утайся предо мною,
Всё скажи, что за душою.
Я помочь тебе готов.
Аль, мой милый, нездоров?
Аль попался к лиходею?»
Пал Иван к коньку на шею,
Обнимал и целовал.
«Ох, беда, конёк! — сказал.—
Царь велит достать Жар-птицу
В государскую светлицу.
Что мне делать, горбунок?»
Говорит ему конёк:
«Велика беда, не спорю;
Но могу помочь я горю.
Оттого беда твоя,
Что не слушался меня:
Помнишь, ехав
      в град-столицу,
Ты нашёл перо Жар-птицы;
Я сказал тебе тогда:
Не бери, Иван,— беда!
Много, много непокою
Принесёт оно с собою.
Вот теперя ты узнал,
Правду ль я тебе сказал.
Но, сказать тебе по дружбе,
Это службишка, не служба;
Служба всё, брат, впереди.
Ты к царю теперь поди
И скажи ему открыто:

¹ Дря́гнул... плясову́ю — пустился в пляс.

«Надо, царь, мне два корыта
Белоярова пшена
Да заморского вина.
Да вели поторопиться:
Завтра, только зазорится,
Мы отправимся в поход».

Вот Иван к царю идёт,
Говорит ему открыто:
«Надо, царь, мне два корыта
Белоярова пшена
Да заморского вина.

Да вели поторопиться:
Завтра, только зазорится,
Мы отправимся в поход».
Царь тотчас приказ даёт,
Чтоб посыльные дворяна
Всё сыскали для Ивана,
Молодцом его назвал
И «счастливый путь!» сказал.

На другой день, утром рано,
Разбудил конёк Ивана:
«Гей! Хозяин! Полно спать!

Время дело исправлять!»
Вот Иванушка поднялся,
В путь-дорожку собирался,
Взял корыта и пшено
И заморское вино;
Потеплее приоделся,
На коньке своём уселся,
Вынул хлеба ломоток
И поехал на восток —
Доставать тоё¹ Жар-птицу.

Едут целую седмицу,
Напоследок, в день осьмой,
Приезжают в лес густой.
Тут сказал конёк Ивану:
«Ты увидишь здесь поляну;
На поляне той гора
Вся из чистого сребра;
Вот сюда-то до зарницы
Прилетают Жары-птицы
Из ручья воды испить;
Тут и будем их ловить».
И, окончив речь к Ивану,
Выбегает на поляну.
Что за поле! Зелень тут,
Словно камень-изумруд;
Ветерок над нею веет,
Так вот искорки и сеет;
А по зелени цветы
Несказанной красоты.
А на той ли на поляне,
Словно вал на окияне,
Возвышается гора
Вся из чистого сребра.
Солнце летними лучами
Красит всю её зарями,
В сгибах золотом бежит,
На верхах свечой горит.

---
¹ Тоё — ту.

Вот конёк по косогору
Поднялся на эту гору,
Версту́, дру́гу пробежал,
Устоялся и сказал:
«Скоро ночь, Иван, начнётся,
И тебе стеречь придётся.
Ну, в корыто лей вино
И с вином мешай пшено.
А чтоб быть тебе закрыту,
Ты к другому сядь корыту,
Втихомолку примечай,
Да, смотри же, не зевай.
До восхода, слышь, зарницы
Прилетят сюда Жар-птицы
И начнут пшено клевать
Да по-своему кричать.
Ты, которая поближе,
И схвати её, смотри же!
А поймаешь птицу-Жар,
И кричи на весь базар;
Я тотчас к тебе явлюся».—
«Ну, а если обожгуся? —
Говорит коньку Иван,
Расстилая свой кафтан.—
Рукавички взять придётся:
Чай, плутовка больно жгётся».
Тут конёк из глаз исчез,
А Иван, кряхтя, подлез
Под дубовое корыто
И лежит там, как убитый.

Вот полночною порой
Свет разлился над горой,
Будто полдни наступают:
Жары-птицы налетают;
Стали бегать и кричать
И пшено с вином клевать.
Наш Иван, от них закрытый,
Смотрит птиц из-под корыта
И толкует сам с собой,

Разводя вот так рукой:
«Тьфу ты, дьявольская сила!
Эк их, дряней, привалило!
Чай, их тут десятков с пять.
Кабы всех переимать[1],
То-то было бы поживы!
Неча молвить, страх красивы!
Ножки красные у всех;
А хвосты-то — сущий смех!
Чай, таких у куриц нету.
А уж сколько, парень, свету,
Словно батюшкина печь!»
И, скончав такую речь,
Наш Иван, кряхтя с надсады,
Вылез кой-как из засады,
Ко пшену с вином подполз —
Хвать одну из птиц за хвост.
«Ой, конёчек-горбуночек!
Прибегай скорей, дружочек!
Я ведь птицу-то поймал», —
Так Иван-дурак кричал.
Горбунок тотчас явился.
«Ай, хозяин, отличился! —
Говорит ему конёк. —
Ну, скорей её в мешок!
Да завязывай тужее;
А мешок привесь на шею.
Надо нам в обратный путь». —
«Нет, дай птиц-то мне
                    пугнуть! —
Говорит Иван. — Смотри-ка,
Вишь, надселися от крика!»
И, схвативши свой мешок,
Хлещет вдоль и поперёк.
Ярким пламенем сверкая,
Встрепенулася вся стая,
Кругом огненным свилась
И за тучи понеслась.

[1] Переимать — переловить.

А Иван наш вслед за ними
Рукавицами своими
Так и машет и кричит,
Словно щёлоком облит.
Птицы в тучах потерялись;
Наши путники собрались,
Уложили царский клад
И вернулися назад.

Вот приехали в столицу.
«Что, достал ли ты
                    Жар-птицу?» —
Царь Ивану говорит,
Сам на спальника глядит.
А уж тот, нешто от скуки,
Искусал себе все руки.
«Разумеется, достал», —
Наш Иван царю сказал.
«Где ж она?» — «Постой
                    немножко,
Прикажи сперва окошко
В почивальне[1] затворить,
Знашь, чтоб темень сотворить».
Тут дворяна побежали
И окошко затворяли.
Вот Иван мешок на стол:
«Ну-ка, бабушка, пошёл!»
Свет такой тут вдруг разлился,
Что весь двор[2] рукой закрылся.
Царь кричит на весь базар:
«Ахти, батюшки, пожар!
Эй, решёточных[3] сзывайте!
Заливайте! Заливайте!» —
«Это, слышь ты, не пожар,
Это свет от птицы-Жар, —

[1] Почивальня; опочивальня — спальня.
[2] Весь двор — здесь: все приближённые царя, придворные.
[3] Решёточные — пожарные.

Молвил ловчий, мря со смеху.—
Видишь, знатную потеху
Я привёз те, осударь!»
Говорит Ивану царь:
«Вот люблю дружка Ванюшу!
Взвеселил мою ты душу,
И на радости такой —
Будь же царский стремянной!¹»

---
¹ Стремянно́й, или стремя́нный,— слуга, ухаживавший за лошадью господина.

Это видя, хитрый спальник,
Прежний конюших начальник,
Говорит себе под нос:
«Нет, постой, молокосос!
Не всегда тебе случится
Так канальски отличиться.
Я те снова подведу,
Мой дружочек, под беду!»

Через три потом недели
Вечерком одним сидели
В царской кухне повара
И служители двора;

Попивали мёд из жбана
Да читали Еруслана.
«Эх! — один слуга сказал.—
Как севодни я достал
От соседа чудо-книжку!
В ней страниц не так чтоб
                    слишком,
Да и сказок только пять,
А уж сказки — вам сказать,
Так не можно надивиться;
Надо ж этак умудриться!»
Тут все в голос: «Удружи!
Расскажи, брат, расскажи!» —
«Ну, какую ж вы хотите?
Пять ведь сказок; вот
                    смотрите:
Перва сказка о бобре,
А вторая о царе;
Третья... дай бог память...
                    точно!
О боярыне восточной;
Вот в четвёртой: князь Бобыл;
В пятой... в пятой... эх,
                    забыл!
В пятой сказке говорится...
Так в уме вот и вертится...» —
«Ну, да брось её!» —
                «Постой!..» —
«О красотке, что ль, какой?» —
«Точно! В пятой говорится
О прекрасной Царь-девице.
Ну, которую ж, друзья,
Расскажу севодни я?» —
«Царь-девицу! — все
                    кричали.—
О царях мы уж слыхали,—
Нам красоток-то скорей!
Их и слушать веселей».
И слуга, усевшись важно,
Стал рассказывать протяжно:

«У далёких немских стран[1]
Есть, ребята, окиян.
По тому ли окияну
Ездят только басурманы;
С православной же земли
Не бывали николи́
Ни дворяне, ни миряне
На поганом окияне.
От гостей же слух идёт,
Что девица там живёт;
Но девица не простая,
Дочь, вишь, месяцу родная,
Да и солнышко ей брат.
Та девица, говорят,
Ездит в красном полушубке,
В золотой, ребята, шлюпке
И серебряным веслом
Самолично правит в нём;
Разны песни попевает
И на гусельцах играет...»

Спальник тут с полатей
                    скок —
И со всех что было ног
Во дворец к царю пустился
И как раз к нему явился;
Стукнул крепко об пол лбом
И запел царю потом:
«Я с повинной головою,
Царь, явился пред тобою,
Не вели меня казнить,
Прикажи мне говорить!» —
«Говори, да правду только,
И не ври, смотри,
                    нисколько!» —
Царь с кровати закричал.
Хитрый спальник отвечал:

---
[1] Не́мские стра́ны — иноземные страны.

«Мы севодни в кухне были,
За твоё здоровье пили,
А один из дворских слуг
Нас забавил сказкой вслух;
В этой сказке говорится
О прекрасной Царь-девице.
Вот твой царский стремянной
Поклялся твоей брадой,
Что он знает эту птицу,—
Так он на́звал Царь-девицу,—
И её, изволишь знать,
Похваляется достать».
Спальник стукнул о́б пол снова.

«Гей, позвать мне
               стремяннова!» —
Царь посыльным закричал.
Спальник тут за печку стал.
А посыльные дворяна
Побежали по Ивана;
В крепком сне его нашли
И в рубашке привели.

Царь так начал речь: «Послушай,
На тебя донос, Ванюша.
Говорят, что вот сейчас
Похвалялся ты для нас
Отыскать другую птицу,
Сиречь¹ молвить,
               Царь-девицу...» —
«Что ты, что ты, бог
               с тобой! —
Начал царский стремянной.—
Чай, с просонков я, толкую,
Штуку выкинул такую.
Да хитри себе как хошь,
А меня не проведёшь».

¹ Си́речь — то есть, а именно, иными словами.

Царь, затрясши бородою:
«Что, рядиться мне с тобою?—
Закричал он.— Но смотри,
Если ты недели в три
Не достанешь Царь-девицу
В нашу царскую светлицу,
То, клянуся бородой,
Где-нибудь, хоть под водой,
Посажу тебя я на́ кол.
Вон, холоп!» Иван заплакал
И пошёл на сеновал,
Где конёк его лежал.

«Что, Иванушка, не весел?
Что головушку повесил? —
Говорит ему конёк.—
Аль, мой милый, занемог?
Аль попался к лиходею?»
Пал Иван к коньку на шею,
Обнимал и целовал.
«Ох, беда, конёк! — сказал.—
Царь велит в свою светлицу
Мне достать, слышь,
               Царь-девицу.
Что мне делать, горбунок?»
Говорит ему конёк:
«Велика беда, не спорю;
Но могу помочь я горю.
Оттого беда твоя,
Что не слушался меня.
Но, сказать тебе по дружбе,
Это службишка, не служба;
Служба всё, брат, впереди!
Ты к царю теперь поди
И скажи: «Ведь для поимки
Надо, царь, мне две
               ширинки¹,
Шитый золотом шатёр

¹ Ши́ринка — широкое, во всю ширину ткани, полотенце.

Да обеденный прибор —
Весь заморского варенья —
И сластей для прохлажденья».

Вот Иван к царю идёт
И такую речь ведёт:
«Для царевниной поимки
Надо, царь, мне две ширинки,
Шитый золотом шатёр
Да обеденный прибор —
Весь заморского варенья —
И сластей для
        прохлажденья».—

«Вот давно бы так, чем нет»,—
Царь с кровати дал ответ
И велел, чтобы дворяна
Всё сыскали для Ивана,
Молодцом его назвал
И «счастливый путь!» сказал.

На другой день, утром рано,
Разбудил конёк Ивана:
«Гей! Хозяин! Полно спать!
Время дело исправлять!»
Вот Иванушка поднялся,

В путь-дорожку собирался,
Взял ширинки и шатёр
Да обеденный прибор —
Весь заморского варенья —
И сластей для прохлажденья;
Всё в мешок дорожный склал
И верёвкой завязал,
Потеплее приоделся,
На коньке своём уселся;
Вынул хлеба ломоток
И поехал на восток
По тоё ли Царь-девицу.

Едут целую седмицу,
Напоследок, в день осьмой,
Приезжают в лес густой.
Тут сказал конёк Ивану:
«Вот дорога к окияну,
И на нём-то круглый год
Та красавица живёт;
Два раза́ она лишь сходит
С окияна и приводит
Долгий день на землю к нам.
Вот увидишь завтра сам».
И, окончив речь к Ивану,
Выбегает к окияну,
На котором белый вал
Одинёшенек гулял.
Тут Иван с конька слезает,
А конёк ему вещает:
«Ну, раскидывай шатёр,
На ширинку ставь прибор
Из заморского варенья
И сластей для прохлажденья.
Сам ложися за шатром
Да смекай себе умом.
Видишь, шлюпка вон
               мелькает...
То царевна подплывает.
Пусть в шатёр она войдёт,

Пусть покушает, попьёт;
Вот как в гусли заиграет,—
Знай, уж время наступает:
Ты тотчас в шатёр вбегай,
Ту царевну сохватай
И держи её сильнее
Да зови меня скорее.
Я на первый твой приказ
Прибегу к тебе как раз;
И поедем... Да, смотри же,
Ты гляди за ней поближе;
Если ж ты её проспишь,
Так беды не избежишь».
Тут конёк из глаз сокрылся,
За шатёр Иван забился
И давай диру вертеть,
Чтоб царевну подсмотреть.

Ясный полдень наступает;
Царь-девица подплывает,
Входит с гуслями в шатёр
И садится за прибор.
«Хм! так вот та Царь-девица!
Как же в сказках говорится,—
Рассуждает стремянной,—
Что куда красна собой
Царь-девица, так что диво!
Эта вовсе не красива:
И бледна-то, и тонка,
Чай, в обхват-то три вершка;
А ножонка-то, ножонка!
Тьфу ты! словно у цыплёнка!
Пусть полюбится кому,
Я и даром не возьму».
Тут царевна заиграла
И столь сладко припевала,
Что Иван, не зная как,
Прикорнулся на кулак
И под голос тихий, стройный
Засыпает преспокойно.

Запад тихо догорал.
Вдруг конёк над ним заржал
И, толкнув его копытом,
Крикнул голосом сердитым:
«Спи, любезный, до звезды!
Высыпай себе беды,
Не меня ведь вздёрнут на́ кол!»
Тут Иванушка заплакал
И, рыдаючи, просил,
Чтоб конёк его простил.
«Отпусти вину Ивану,
Я вперёд уж спать
                 не стану».—

«Ну, уж бог тебя простит! —
Горбунок ему кричит.—
Всё поправим, может статься,
Только, чур, не засыпаться;
Завтра, рано поутру,
К златошвейному шатру
Приплывёт опять девица
Мёду сладкого напиться.
Если ж снова ты заснёшь,
Головы уж не снесёшь».
Тут конёк опять сокрылся;
А Иван сбирать пустился
Острых камней и гвоздей
От разбитых кораблей
Для того, чтоб уколоться,
Если вновь ему вздремнётся.

  На другой день, поутру́,
К златошвейному шатру
Царь-девица подплывает,
Шлюпку на́ берег бросает,
Входит с гуслями в шатёр
И садится за прибор...
Вот царевна заиграла
И столь сладко припевала,
Что Иванушке опять
Захотелося поспать.

«Нет, постой же ты,
                 дрянная! —
Говорит Иван, вставая.—
Ты в друго́редь не уйдёшь
И меня не проведёшь».
Тут в шатёр Иван вбегает,
Косу длинную хватает...
«Ой, беги, конёк, беги!
Горбунок мой, помоги!»
Вмиг конёк к нему явился.
«Ай, хозяин, отличился!
Ну, садись же поскорей
Да держи её плотней!»

  Вот столицы достигает.
Царь к царевне выбегает,
За белы́ руки́ берёт,
Во дворец её ведёт
И сади́т за стол дубовый
И под занавес шелковый,
В глазки с нежностью глядит,
Сладки речи говорит:
«Бесподобная девица,
Согласися быть царица!
Я тебя едва узрел —
Сильной страстью воскипел.
Соколины твои очи
Не дадут мне спать средь ночи
И во время бела дня —
Ох! измучают меня.
Молви ласковое слово!
Всё для свадьбы уж готово;
Завтра ж утром, светик мой,
Обвенчаемся с тобой
И начнём жить припевая».

  А царевна молодая,
Ничего не говоря,
Отвернулась от царя.
Царь нисколько не сердился,

Но сильней ещё влюбился;
На колен пред нею стал,
Ручки нежно пожимал
И балясы¹ начал снова:
«Молви ласковое слово!
Чем тебя я огорчил?
Али тем, что полюбил?
О, судьба моя плачевна!»
Говорит ему царевна:

---
¹ Баля́сы — пустые разговоры, болтовня.

«Если хочешь взять меня,
То доставь ты мне в три дня
Перстень мой из окияна».—
«Гей! Позвать ко мне
           Ивана!» —
Царь поспешно закричал
И чуть сам не побежал.

Вот Иван к царю явился,
Царь к нему оборотился
И сказал ему: «Иван!
Поезжай на окиян;

В окияне том хранится
Перстень, слышь ты,
                Царь-девицы.
Коль достанешь мне его,
Задарю тебя всего».—
«Я и с первой-то дороги
Волочу насилу ноги;
Ты опять на окиян!» —
Говорит царю Иван.
«Как же, плут, не торопиться,
Видишь, я хочу жениться! —
Царь со гневом закричал
И ногами застучал.—
У меня не отпирайся,
А скорее отправляйся!»
Тут Иван хотел идти.
«Эй, послушай! По пути,—
Говорит ему царица,—
Заезжай ты поклониться
В изумрудный терем мой
Да скажи моей родной:
Дочь её узнать желает,
Для чего она скрывает
По три ночи, по три дня
Лик¹ свой ясный от меня?
И зачем мой братец красный
Завернулся в мрак ненастный
И в туманной вышине
Не пошлёт луча ко мне?
Не забудь же!» — «Помнить
                        буду,
Если только не забуду;
Да ведь надо же узнать,
Кто те братец, кто те мать,
Чтоб в родне-то нам
                     не сбиться».
Говорит ему царица:

---

¹ Л и к — лицо.

«Месяц — мать мне, солнце —
                      брат».—
«Да, смотри, в три дня
                      назад!» —
Царь-жених к тому прибавил.
Тут Иван царя оставил
И пошёл на сеновал,
Где конёк его лежал.

«Что, Иванушка, не весел?
Что головушку повесил?» —
Говорит ему конёк.
«Помоги мне, горбунок!
Видишь, вздумал царь
                     жениться,
Знашь, на тоненькой царице,
Так и шлёт на окиян,—
Говорит коньку Иван.—
Дал мне сроку три дня только;
Тут попробовать изволь-ка
Перстень дьявольский достать!
Да велела заезжать
Эта тонкая царица
Где-то в терем поклониться
Солнцу, Месяцу, притом
И спросить кое об чём...»
Тут конёк: «Сказать по
                     дру́жбе,
Это службишка, не служба;
Служба всё, брат, впереди!
Ты теперя спать поди;
А назавтра, утром рано,
Мы поедем к окияну».

На другой день наш Иван,
Взяв три луковки в карман,
Потеплее приоделся,
На коньке своём уселся
И поехал в дальний путь...
Дайте, братцы, отдохнуть!

КОНЁК-ГОРБУНОК

ЧАСТЬ ТРЕТЬЯ

*Доселева Макар огороды копал,
А нынче Макар в воеводы попал*

Та-ра-ра́-ли, та-ра-ра́!
Вышли кони со двора;
Вот крестьяне их поймали
Да покрепче привязали.
Сидит ворон на дубу,
Он играет во трубу;
Как во трубушку играет,
Православных потешает:
«Эй, послушай, люд честной!
Жили-были муж с женой;
Муж-то примется за шутки,
А жена за прибаутки,
И пойдёт у них тут пир,
Что на весь крещёный мир!»
Это присказка ведётся,
Сказка по́слее начнётся.

Как у наших у ворот
Муха песенку поёт:
«Что дадите мне за вестку?
Бьёт свекровь свою невестку:
Посадила на шесток,
Привязала за шнурок,
Ручки к ножкам притянула,
Ножку правую разула.
Не ходи ты по зарям!
Не кажися молодцам!»
Это присказка велася,
Вот и сказка началася.

Ну-с, так едет наш Иван
За кольцом на окиян.
Горбунок летит, как ветер,
И в почин на первый вечер
Вёрст сто тысяч отмахал
И нигде не отдыхал.

Подъезжая к окияну,
Говорит конёк Ивану:
«Ну, Иванушка, смотри,
Вот минутки через три
Мы приедем на поляну
Прямо к морю-окияну;
Поперёк его лежит
Чудо-юдо рыба-кит;
Десять лет уж он страдает,
А доселева не знает,
Чем прощенье получить;
Он учнёт тебя просить,

Чтоб ты в солнцевом селенье
Попросил ему прощенье;
Ты исполнить обещай,
Да, смотри ж, не забывай!»

Вот въезжает на поляну
Прямо к морю-окияну;
Поперёк его лежит
Чудо-юдо рыба-кит.
Все бока его изрыты,
Частоколы в рёбра вбиты,
На хвосте сыр-бор шумит,
На спине село стоит;
Мужички на гу́бе пашут,
Между глаз мальчишки пляшут,
А в дубраве, меж усов,
Ищут девушки грибов.

Вот конёк бежит по ки́ту,
По костям стучит копытом.
Чудо-юдо рыба-кит
Так проезжим говорит,
Рот широкий отворяя,
Тяжко, горько воздыхая:
«Путь-дорога, господа!
Вы откуда и куда?» —
«Мы послы от Царь-девицы,
Едем оба из столицы,—
Говорит киту конёк,—
К солнцу прямо на восток,
Во хоромы золотые».—
«Так нельзя ль, отцы родные,
Вам у солнышка спросить:
Долго ль мне в опале[1] быть
И за кои прегрешенья
Я терплю беды́-мученья?» —
«Ладно, ладно, рыба-кит!» —
Наш Иван ему кричит.

[1] Опа́ла — немилость, наказание.

«Будь отец мне милосердный!
Вишь, как мучуся я, бедный!
Десять лет уж тут лежу...
Я и сам те услужу!..» —
Кит Ивана умоляет,
Сам же горько воздыхает.
«Ладно, ладно, рыба-кит!» —
Наш Иван ему кричит.
Тут конёк под ним забился,
Прыг на берег и пустился,
Только видно, как песок
Вьётся вихорем у ног.

Едут близко ли, далёко,
Едут низко ли, высоко
И увидели ль кого —
Я не знаю ничего.
Скоро сказка говорится,
Дело мешкотно[1] творится.
Только, братцы, я узнал,
Что конёк туда вбежал,
Где (я слышал стороною)
Небо сходится с землёю,
Где крестьянки лён прядут,
Прялки на небо кладут.

Тут Иван с землёй простился
И на небе очутился
И поехал, будто князь,
Шапка набок, подбодрясь.
«Эко диво! эко диво!
Наше царство хоть красиво,—
Говорит коньку Иван
Средь лазоревых полян,—
А как с небом-то сравнится,
Так под стельку не годится.
Что земля-то!.. ведь она
И черна-то и грязна;

[1] Ме́шкотно — медленно, неторопливо.

Здесь земля-то голубая,
А уж светлая какая!..
Посмотри-ка, горбунок,
Видишь, вон где, на восток,
Словно светится зарница...
Чай, небесная столица...
Что-то больно высока!» —
Так спросил Иван конька.
«Это терем Царь-девицы,
Нашей будущей царицы,—
Горбунок ему кричит.—
По ночам здесь солнце спит,
А полуденной порою
Месяц входит для покою».

Подъезжают; у ворот
Из столбов хрустальный свод;
Все столбы те завитые
Хитро в змейки золотые;
На верхушках три звезды,
Вокруг терема сады;
На серебряных там ветках
В раззолоченных во клетках
Птицы райские живут,

Песни царские поют.
А ведь терем с теремами,
Будто город с деревнями;
А на тереме из звезд —
Православный русский крест.

Вот конёк во двор въезжает;
Наш Иван с него слезает,
В терем к месяцу идёт
И такую речь ведёт:
«Здравствуй, Месяц
               Месяцович!
Я — Иванушка Петрович,
Из далёких я сторон
И привёз тебе поклон».—
«Сядь, Иванушка Петрович,—
Молвил Месяц Месяцович,—
И поведай мне вину[1]
В нашу светлую страну
Твоего с земли прихода;
Из какого ты народа,
Как попал ты в этот край,—
Всё скажи мне, не утай».—
«Я с земли пришёл
               с землянской,
Из страны ведь
               христианской,—
Говорит, садясь, Иван,—
Переехал окиян
С порученьем от царицы —
В светлый терем поклониться
И сказать вот так, постой!
«Ты скажи моей родной:
Дочь её узнать желает,
Для чего она скрывает
По три ночи, по три дня
Лик какой-то от меня;
И зачем мой братец красный

―――――――
[1] Вина́ — здесь: причи́на.

Завернулся в мрак ненастный
И в туманной вышине
Не пошлёт луча ко мне?»
Так, кажися? Мастерица
Говорить красно́ царица;
Не припомнишь всё сполна,
Что сказала мне она».—
«А какая то царица?» —
«Это, знаешь,
               Царь-девица».—
«Царь-девица?.. Так она,
Что ль, тобой увезена?» —
Вскрикнул Месяц Месяцович.
А Иванушка Петрович
Говорит: «Известно, мной!
Вишь, я царский стремянной;
Ну, так царь меня отправил,
Чтобы я её доставил
В три недели во дворец;
А не то меня, отец,
Посадить грозился на́ кол».
Месяц с радости заплакал,
Ну Ивана обнимать,
Целовать и милова́ть.
«Ах, Иванушка Петрович! —
Молвил Месяц Месяцович.—
Ты принёс такую весть,
Что не знаю, чем и счесть!
А уж мы как горевали,
Что царевну потеряли!..
Оттого-то, видишь, я
По три ночи, по три дня
В тёмном облаке ходила,
Всё грустила да грустила,
Трое суток не спала,
Крошки хлеба не брала,
Оттого-то сын мой красный
Завернулся в мрак ненастный,
Луч свой жаркий погасил,
Миру божью не светил:

Всё грустил, вишь,
                  по сестрице,
Той ли красной Царь-девице.
Что, здорова ли она?
Не грустна ли, не больна?» —
«Всем бы, кажется, красотка,
Да у ней, кажись, сухотка:
Ну, как спичка, слышь,
                        тонка,
Чай, в обхват-то три вершка;
Вот как замуж-то поспеет,
Так небось и потолстеет:
Царь, слышь, женится
                      на ней».

Месяц вскрикнул: «Ах, злодей!
Вздумал в семьдесят жениться
На молоденькой девице!
Да стою я крепко в том —
Просидит он женихом!
Вишь, что старый хрен
                      затеял:
Хочет жать там, где не сеял!
Полно, ла́ком больно стал!»
Тут Иван опять сказал:
«Есть ещё к тебе прошенье,
То о китовом прощенье...
Есть, вишь, море; чудо-кит
Поперёк его лежит:
Все бока его изрыты,
Частоколы в рёбра вбиты...
Он, бедняк, меня прошал[1],
Чтобы я тебя спросил:
Скоро ль кончится мученье?
Чем сыскать ему прощенье?
И на что он тут лежит?»
Месяц ясный говорит:
«Он за то несёт мученье,
Что без божия веленья

---
[1] Проша́л — просил.

Проглотил среди морей
Три десятка кораблей.
Если даст он им свободу,
Снимет бог с него невзгоду,
Вмиг все раны заживит,
Долгим веком наградит».

Тут Иванушка поднялся,
С светлым месяцем прощался,
Крепко шею обнимал,
Трижды в щёки целовал.
«Ну, Иванушка Петрович! —
Молвил Месяц Месяцович. —
Благодарствую тебя
За сынка и за себя.
Отнеси благословенье
Нашей дочке в утешенье
И скажи моей родной:
«Мать твоя всегда с тобой;
Полно плакать и крушиться:
Скоро грусть твоя решится, —
И не старый, с бородой,
А красавец молодой
Поведёт тебя к налою[1].
Ну, прощай же! Бог с тобою!»
Поклонившись, как умел,
На конька Иван тут сел,
Свистнул, будто витязь
                      знатный,
И пустился в путь обратный.

На другой день наш Иван
Вновь пришёл на окиян.
Вот конёк бежит по ки́ту,
По костям стучит копытом.
Чудо-юдо рыба-кит
Так, вздохнувши, говорит:
«Что, отцы, моё прошенье?

---
[1] Поведёт тебя к нало́ю — то есть женится на тебе.

Получу ль когда
              прощенье?» —
«Погоди ты, рыба-кит!» —
Тут конёк ему кричит.

Вот в село он прибегает,
Мужиков к себе сзывает,
Чёрной гривкою трясёт
И такую речь ведёт:
«Эй, послушайте, миряне,
Православны христиане!
Коль не хочет кто из вас
К водяному сесть в приказ[1],
Убирайся вмиг отсюда.
Здесь тотчас случится чудо:
Море сильно закипит,
Повернётся рыба-кит...»
Тут крестьяне и миряне,
Православны христиане,
Закричали: «Быть бедáм!» —
И пустились по домам.
Все телеги собирали;

---

[1] К водянóму сесть в прикáз — потонуть, пойти ко дну.

В них, не мешкая, поклали
Всё, что было живота¹,
И оставили кита.
Утро с полднем повстречалось,
А в селе уж не осталось
Ни одной души живой,
Словно шёл Мамай войной!

Тут конёк на хвост вбегает,
К перьям близко прилегает
И что мо́чи есть кричит:
«Чудо-юдо рыба-кит!
Оттого твои мученья,
Что без божия веленья
Проглотил ты средь морей
Три десятка кораблей.
Если дашь ты им свободу,
Снимет бог с тебя невзгоду,
Вмиг все раны заживит,
Долгим веком наградит».
И, окончив речь такую,
Закусил узду стальную,
Понатужился — и вмиг
На далёкий берег прыг.

Чудо-кит зашевелился,
Словно холм поворотился,
Начал море волновать
И из челюстей бросать
Корабли за кораблями
С парусами и гребцами.

Тут поднялся шум такой,
Что проснулся царь морской:
В пушки медные палили,
В трубы кованы трубили;
Белый парус поднялся,
Флаг на мачте развился;
Поп с причётом всем служебным
Пел на палубе молебны;
А гребцов весёлый ряд
Грянул песню на подхват:
«Как по моречку, по морю,
По широкому раздолью,
Что по самый край земли,
Выбегают корабли...»

Волны моря заклубились,
Корабли из глаз сокрылись.
Чудо-юдо рыба-кит
Громким голосом кричит,
Рот широкий отворяя,
Плесом¹ волны разбивая:
«Чем вам, други, услужить?
Чем за службу наградить?
Надо ль раковин цветистых?
Надо ль рыбок золотистых?
Надо ль крупных жемчугов?
Всё достать для вас готов!» —
«Нет, кит-рыба, нам в награду
Ничего того не надо,—
Говорит ему Иван,—
Лучше перстень нам достань —
Перстень, знаешь,
     Царь-девицы,
Нашей будущей царицы».—
«Ладно, ладно! Для дружка
И серёжку из ушка́!
Отыщу я до зарницы
Перстень красной
     Царь-девицы»,—
Кит Ивану отвечал
И, как ключ, на дно упал.

Вот он плесом ударяет,
Громким голосом сзывает
Осетриный весь народ
И такую речь ведёт:

---

² Живо́т — здесь: имущество, добро.

¹ Пле́сом — хвостом.

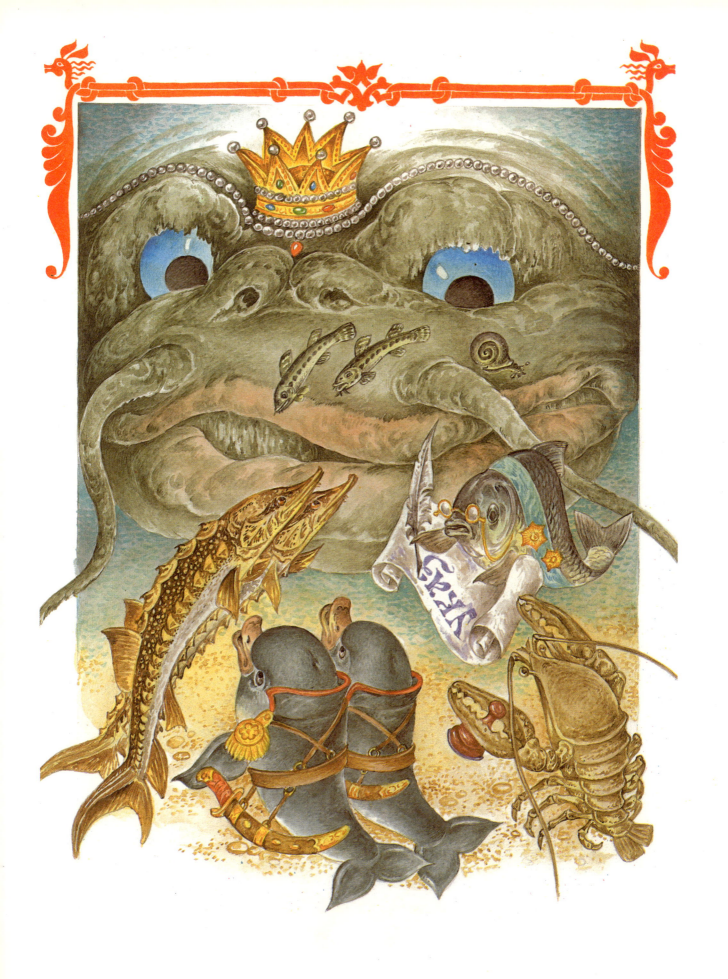

«Вы достаньте до зарницы
Перстень красной
              Царь-девицы,
Скрытый в ящичке на дне.
Кто его доставит мне,
Награжу того я чином:
Будет думным дворянином.
Если ж умный мой приказ
Не исполните... я вас!»
Осетры тут поклонились
И в порядке удалились.

Через несколько часов
Двое белых осетров
К киту медленно подплыли
И смиренно говорили:
«Царь великий! не гневись!
Мы всё море уж, кажись,
Исходили и изрыли,
Но и знаку не открыли.
Только ёрш один из нас
Совершил бы твой приказ:
Он по всем морям гуляет,
Так уж, верно, перстень знает;
Но его, как бы назло,
Уж куда-то унесло».—
«Отыскать его в минуту
И послать в мою каюту!» —
Кит сердито закричал
И усами закачал.

Осетры тут поклонились,
В земский суд бежать
                    пустились
И велели в тот же час
От кита писать указ,
Чтоб гонцов скорей послали
И ерша того поймали.
Лещ, услышав сей приказ,
Именной писал указ,

Сом (советником он звался)
Под указом подписался;
Чёрный рак указ сложил
И печати приложил.
Двух дельфинов тут призвали
И, отдав указ, сказали,
Чтоб, от имени царя,
Обежали все моря
И того ерша-гуляку,
Крикуна и забияку,
Где бы ни было нашли,
К государю привели.
Тут дельфины поклонились
И ерша искать пустились.

Ищут час они в морях,
Ищут час они в реках,
Все озёра исходили,
Все проливы переплыли,
Не могли ерша сыскать
И вернулися назад,
Чуть не плача от печали...

Вдруг дельфины услыхали
Где-то в маленьком пруде
Крик неслыханный в воде.
В пруд дельфины завернули
И на дно его нырнули,—
Глядь: в пруде, под камышом,
Ёрш дерётся с карасём.
«Смирно! черти б вас побрали!
Вишь, содо́м какой подняли,
Словно важные бойцы!» —
Закричали им гонцы.
«Ну, а вам какое дело? —
Ёрш кричит дельфинам
                    смело.—
Я шутить ведь не люблю,
Разом всех переколю!» —
«Ох ты, вечная гуляка,

И крикун, и забияка!
Всё бы, дрянь, тебе гулять,
Всё бы драться да кричать.
Дома — нет ведь, не сидится!..
Ну да что с тобой рядиться,—
Вот тебе царёв указ,
Чтоб ты плыл к нему тотчас».

Тут проказника дельфины
Подхватили за щетины
И отправились назад.
Ёрш ну рваться и кричать:

«Будьте милостивы, братцы!
Дайте чуточку подраться.
Распроклятый тот карась
Поносил меня вчерась
При честном при всём собранье
Неподобной разной бранью...»
Долго ёрш ещё кричал,
Наконец и замолчал;
А проказника дельфины
Всё тащили за щетины,
Ничего не говоря,
И явились пред царя.

«Что ты долго не являлся?
Где ты, вражий сын,
                     шатался?» —
Кит со гневом закричал.
На колени ёрш упал,
И, признавшись в
                   преступленье,
Он молился о прощенье.
«Ну, уж бог тебя простит! —
Кит державный говорит.—
Но за то твоё прощенье
Ты исполни повеленье».—
«Рад стараться, чудо-кит!» —
На коленях ёрш пищит.
«Ты по всем морям гуляешь,
Так уж, верно, перстень
                         знаешь
Царь-девицы?» — «Как
                       не знать!
Можем разом отыскать».—
«Так ступай же поскорее
Да сыщи его живее!»

    Тут, отдав царю поклон,
Ёрш пошёл, согнувшись, вон.
С царской дворней побранился,
За плотвой поволочился
И салáкушкам шести
Нос разбил он на пути.
Совершив такое дело,
В омут кинулся он смело
И в подводной глубине
Вырыл ящичек на дне —
Пуд, по крайней мере, во сто.
«О, здесь дело-то не просто!»
И давай из всех морей
Ёрш скликать к себе сельдей.

    Сельди духом собралися,
Сундучок тащить взялися,

Только слышно и всего —
У-у-у! да о-о-о!
Но сколь сильно ни кричáли,
Животы лишь надорвали,
А проклятый сундучок
Не дался и на вершок.
«Настоящие селёдки!
Вам кнута бы вместо
                     водки!» —
Крикнул ёрш со всех сердцов
И нырнул по осетров.

    Осетры тут приплывают
И без крика поднимают
Крепко ввязнувший в песок
С перстнем красный сундучок.
«Ну, ребятушки, смотрите,
Вы к царю теперь плывите,
Я ж пойду теперь ко дну
Да немножко отдохну:
Что-то сон одолевает,
Так глаза вот и смыкает...»
Осетры к царю плывут,
Ёрш-гуляка прямо в пруд
(Из которого дельфины
Утащили за щетины),
Чай, додраться с карасём,—
Я не ведаю о том.
Но теперь мы с ним
                    простимся
И к Ивану возвратимся.

    Тихо море-окиян.
На песке сидит Иван,
Ждёт кита из синя моря
И мурлыкает от горя;
Повалившись на песок,
Дремлет верный горбунок.
Время к вечеру клонилось;
Вот уж солнышко спустилось;

Тихим пламенем горя,
Развернулася заря.
А кита не тут-то было.
«Чтоб те, вора, задавило!
Вишь, какой морской
                    шайтан! —
Говорит себе Иван.—
Обещался до зарницы
Вынесть перстень
                 Царь-девицы,
А доселе не сыскал,
Окаянный зубоскал!
А уж солнышко-то село,
И...» Тут море закипело:
Появился чудо-кит
И к Ивану говорит:
«За твоё благодеянье
Я исполнил обещанье».
С этим словом сундучок
Брякнул плотно на песок,
Только берег закачался.
«Ну, теперь я расквитался.
Если ж вновь принужусь[1] я,
Позови опять меня;
Твоего благодеянья
Не забыть мне...
                До свиданья!»
Тут кит-чудо замолчал
И, всплеснув, на дно упал.

Горбунок-конёк проснулся,
Встал на лапки, отряхнулся,
На Иванушку взглянул
И четырежды прыгнул.
«Ай да Кит Китович! Славно!
Долг свой выплатил исправно!
Ну, спасибо, рыба-кит! —
Горбунок-конёк кричит.—

Что ж, хозяин, одевайся,
В путь-дорожку отправляйся;
Три денька ведь уж прошло:
Завтра срочное число[1].
Чай, старик уж умирает».
Тут Ванюша отвечает:
«Рад бы радостью поднять,
Да ведь силы не занять!
Сундучишко больно плотен,
Чай, чертей в него пять сотен
Кит проклятый насажал.
Я уж трижды подымал;
Тяжесть страшная такая!»
Тут конёк, не отвечая,
Поднял ящичек ногой,
Будто камушек какой,
И взмахнул к себе на шею.
«Ну, Иван, садись скорее!
Помни, завтра минет срок,
А обратный путь далёк».

Стал четвёртый день зориться.
Наш Иван уже в столице.
Царь с крыльца к нему бежит.
«Что кольцо моё?» — кричит.
Тут Иван с конька слезает
И преважно отвечает:
«Вот тебе и сундучок!
Да вели-ка скликать полк:
Сундучишко мал хоть на́ вид,
Да и дьявола задавит».
Царь тотчас стрельцов позвал
И немедля приказал
Сундучок отнесть в светлицу,
Сам пошёл по Царь-девицу.
«Перстень твой, душа,
                      найдён,—
Сладкогласно молвил он,—

---

[1] Прину́жусь — понадоблюсь.

[1] Сро́чное число — срок.

И теперь, примолвить снова,
Нет препятства никакого
Завтра утром, светик мой,
Обвенчаться мне с тобой.
Но не хочешь ли, дружочек,
Свой увидеть перстенёчек?
Он в дворце моём лежит».
Царь-девица говорит:
«Знаю, знаю! Но, признаться,
Нам нельзя ещё венчаться».—
«Отчего же, светик мой?
Я люблю тебя душой;

Мне, прости ты мою смелость,
Страх жениться захотелось.
Если ж ты... то я умру
Завтра ж с горя поутру.
Сжалься, матушка царица!»
Говорит ему девица:
«Но взгляни-ка, ты ведь сед;
Мне пятнадцать только лет;
Как же можно нам венчаться?
Все цари начнут смеяться,
Дед-то, скажут, внуку взял!»
Царь со гневом закричал:

69

«Пусть-ка только засмеются —
У меня как раз свернутся:
Все их царства полоню¹!
Весь их род искореню!» —
«Пусть не станут и смеяться,
Всё не можно нам венчаться, —
Не растут зимой цветы:
Я красавица, а ты?..
Чем ты можешь похвалиться?» —
Говорит ему девица.
«Я хоть стар, да я удал! —
Царь царице отвечал. —
Как немножко приберуся,
Хоть кому так покажуся
Разудалым молодцом.
Ну, да что нам ну́жды в том?
Лишь бы только нам жениться».
Говорит ему девица:
«А такая в том нужда́,
Что не выйду никогда
За дурного, за седого,
За беззубого такого!»
Царь в затылке почесал
И, нахмуряся, сказал:
«Что ж мне делать-то, царица?
Страх как хочется жениться;
Ты же, ровно на беду:
Не пойду да не пойду!» —
«Не пойду я за седого, —
Царь-девица молвит снова. —
Стань, как прежде, молодец —
Я тотчас же под венец». —
«Вспомни, матушка царица,
Ведь нельзя переродиться;
Чудо бог один творит».
Царь-девица говорит:

¹ Полоню́ — возьму́ в плен.

«Коль себя не пожалеешь,
Ты опять помолодеешь.
Слушай: завтра на заре
На широком на дворе
Должен челядь ты заставить
Три котла больших поставить
И костры под них сложить.
Первый надобно налить
До краёв водой студёной,
А второй — водой варёной,
А последний — молоком,
Вскипятя его ключом.
Вот, коль хочешь ты жениться
И красавцем учиниться, —
Ты без платья, налегке,
Искупайся в молоке;
Тут побудь в воде варёной,
А потом ещё в студёной,
И скажу тебе, отец,
Будешь знатный молодец!»

Царь не вымолвил ни слова,
Кликнул тотчас стремяннова.
«Что, опять на окиян? —
Говорит царю Иван. —
Нет уж, дудки, ваша милость!
Уж и то во мне всё сбилось.
Не поеду ни за что!» —
«Нет, Иванушка, не то.
Завтра я хочу заставить
На дворе котлы поставить
И костры под них сложить.
Первый думаю налить
До краёв водой студёной,
А второй — водой варёной,
А последний — молоком,
Вскипятя его ключом.
Ты же должен постараться
Пробы ради искупаться

В этих трёх больших котлах,
В молоке и в двух водах».—
«Вишь, откуда подъезжает! —
Речь Иван тут начинает.—
Шпарят только поросят,
Да индюшек, да цыплят;
Я ведь, глянь, не поросёнок,
Не индюшка, не цыплёнок.
Вот в холодной, так оно
Искупаться бы можно,
А подваривать как станешь,
Так меня и не заманишь.
Полно, царь, хитрить, мудрить
Да Ивана проводить!»
Царь, затрясши бородою:
«Что? Рядиться мне с тобою!—
Закричал он.— Но смотри!
Если ты в рассвет зари
Не исполнишь повеленье,
Я отдам тебя в мученье,
Прикажу тебя пытать,
По кусочкам разрывать.
Вон отсюда, бо́лесть злая!»
Тут Иванушка, рыдая,
Поплелся́ на сеновал,
Где конёк его лежал.

«Что, Иванушка, не весел?
Что головушку повесил? —
Говорит ему конёк.—
Чай, наш старый женишок
Снова выкинул затею?»
Пал Иван к коньку на шею,
Обнимал и целовал.
«Ох, беда, конёк! — сказал.—
Царь вконец меня сбывает;
Сам подумай, заставляет
Искупаться мне в котлах,
В молоке и в двух водах:
Как в одной воде студёной,
А в другой воде варёной,
Молоко, слышь, кипяток».
Говорит ему конёк:
«Вот уж служба, так уж служба!
Тут нужна моя вся дружба.
Как же к слову не сказать:
Лучше б нам пера не брать;
От него-то, от злодея,
Столько бед тебе на шею...
Ну, не плачь же, бог с тобой!
Сладим как-нибудь с бедой.
И скорее сам я сгину[1],
Чем тебя, Иван, покину.
Слушай: завтра на заре,
В те поры, как на дворе
Ты разденешься, как должно,
Ты скажи царю: «Не можно ль,
Ваша милость, приказать
Горбунка ко мне прислать,
Чтоб в последни с ним проститься».
Царь на это согласится.
Вот как я хвостом махну,
В те котлы мордо́й макну,
На тебя два раза прысну,
Громким посвистом присвистну,
Ты, смотри же, не зевай:
В молоко сперва ныряй,
Тут в котёл с водой варёной,
А оттудова в студёной.
А теперича молись
Да спокойно спать ложись».

На другой день, утром рано,
Разбудил конёк Ивана:

---
[1] Сги́ну — погибну.

«Эй, хозяин, полно спать!
Время службу исправлять».
Тут Ванюша почесался,
Потянулся и поднялся,
Помолился на забор
И пошёл к царю во двор.

Там котлы уже кипели;
Подле них рядком сидели
Кучера, и повара,
И служители двора;
Дров усердно прибавляли,
Об Иване толковали
Втихомолку меж собой
И смеялися порой.

Вот и двери растворились;
Царь с царицей появились
И готовились с крыльца
Посмотреть на удальца.
«Ну, Ванюша, раздевайся
И в котлах, брат, покупайся!» —
Царь Ивану закричал.

Тут Иван одежду снял,
Ничего не отвечая.
А царица молодая,
Чтоб не видеть наготу,
Завернулася в фату¹.
Вот Иван к котлам поднялся,
Глянул в них — и зачесался.
«Что же ты, Ванюша, стал? —
Царь опять ему вскричал.—
Исполняй-ка, брат, что
                  должно!»
Говорит Иван: «Не можно ль,
Ваша милость, приказать
Горбунка ко мне послать.
Я в последни б с ним
                  простился».
Царь, подумав, согласился
И изволил приказать
Горбунка к нему послать.
Тут слуга конька приводит
И к сторонке сам отходит.

    Вот конёк хвостом махнул,
В те котлы мордой макнул,
На Ивана дважды прыснул,
Громким посвистом
                  присвистнул.
На конька Иван взглянул
И в котёл тотчас нырнул,
Тут в другой, там в третий
                  тоже,
И такой он стал пригожий,
Что ни в сказке не сказать,
Ни пером не написать!
Вот он в платье нарядился,
Царь-девице поклонился,
Осмотрелся, подбодрясь,
С важным видом, будто князь.

_____
¹ Фата́ — женское покрывало из лёгкой ткани.

«Эко диво! — все кричали.—
Мы и слыхом не слыхали,
Чтобы льзя¹ похорошеть!»

Царь велел себя раздеть,
Два раза́ перекрестился,
Бух в котёл — и там сварился!

Царь-девица тут встаёт,
Знак к молчанью подаёт,
Покрывало поднимает
И к прислужникам вещает:
«Царь велел вам долго жить!
Я хочу царицей быть.
Люба ль я вам? Отвечайте!
Если люба, то признайте
Володетелем всего
И супруга моего!»
Тут царица замолчала,
На Ивана показала.

«Люба, люба! — все кричат.—
За тебя хоть в самый ад!
Твоего ради талана²
Признаём царя Ивана!»

Царь царицу тут берёт,
В церковь божию ведёт,
И с невестой молодою
Он обходит вкруг налою.

Пушки с крепости палят;
В трубы кованы трубят;
Все подвалы отворяют,
Бочки с фряжским³
                  выставляют,
И, напившися, народ
Что есть мочушки дерёт:

_____
¹ Льзя — можно.
² Тала́н — счастье, удача.
³ С фря́жским — с замо́рским вино́м.

«Здравствуй, царь наш со царицей!
С распрекрасной Царь-девицей!»

Во дворце же пир горой:
Вина льются там рекой;
За дубовыми столами
Пьют бояре со князьями.

Сердцу любо! Я там был,
Мёд, вино и пиво пил;
По усам хоть и бежало,
В рот ни капли не попало.

СОДЕРЖАНИЕ

Часть первая 9

Часть вторая 29

Часть третья 53

Издание для детей

Пётр Павлович Ершов

Русская сказка
в трёх частях

Текст печатается по изданию:
П. П. Ершов. Конёк-горбунок.— М.:
Детская литература, 1986.

Редактор *И. Остапенко*
Младший редактор *Л. Рубцова*
Художественный редактор *Т. Ключарёва*
Технический редактор *В. Чувашов*
Корректоры *Г. Черникова, Л. Крамаренко*

ИБ № 1996

Сдано в набор 22.02.90. Подписано в печать 14.05.91. Формат 60×90$^1/_8$. Бум. офсет. № 1. Гарнитура школьная. Печать офсет. Усл. печ. л. 10,0. Усл. кр.-отт. 42,0. Уч. изд. л. 8,719. Тираж 100 000 экз. Заказ № 5665.
с - 20
Пермское книжное издательство. 614000, г. Пермь, ул. К. Маркса, 30. Ордена Трудового Красного Знамени ПО «Детская книга» Мининформпечати РСФСР. 127018, Москва, Сущевский вал, 49.

Ершов П. П.
Е80 Конёк-горбунок: Русская сказка в трёх частях/Худож. С. Ковалёв.— Пермь: Кн. изд-во, 1992.— 80 с.

ISBN 5-7625-0132-9

Сказка в стихах. Написана в 1834 году.

Е $\frac{4803010102-20}{М152(03)-92}$ 73—92   ББК 84Р1-5

Дорогие друзья!

В нашей
СКАЗОЧНОЙ БИБЛИОТЕКЕ
готовятся к изданию

следующие книги:

Братья Гримм. Сказки

Шарль Перро. Сказки

А. С. Пушкин. Сказки